Le [illegible] de la jungle

D'après Rudyard Kipling

Illustrations
Julien Akita

Texte
Catherine Mory

Direction de la publication
Carine Girac-Marinier

Édition
Eléna Chryssos

Direction artistique
Uli Meindl

Couverture
Sophie Rivoire

Mise en page
Tiphaine Desmoulière

Lecture-correction
Nathalie Coët

Fabrication
Axelle Hosten

ISBN : 978-2-03-601764-1

Sommaire

*Les mots en orange dans l'histoire sont expliqués dans la partie **Lexique**.

Les personnages de l'histoire

Mowgli

Mowgli est un jeune garçon qui vit dans la jungle. Il a été élevé par des loups lorsque ses parents l'ont abandonné.

Bagheera

Bagheera, la panthère noire, est très fort et courageux. C'est le meilleur ami de Mowgli.

Baloo

Baloo est un ours très intelligent. Il veille sur Mowgli et lui apprend la loi de la jungle.

Kaa

Kaa est un énorme python. Tous les animaux de la jungle ont peur de lui. Quand il danse, il hypnotise ses ennemis.

Akela

Ce loup c'est Akela, le chef de la meute. Il est très sage, mais certains loups croient qu'il est désormais trop vieux pour être le chef.

Shere Khan

Shere Khan est un tigre très agressif. Il déteste les hommes et veut tuer Mowgli.

Pour t'aider à bien comprendre le début de l'histoire...

COUP DE POUCE

Dans la jungle, en Inde, un bébé nommé Mowgli a été recueilli par un couple de loups. Tout comme ses quatre frères louveteaux, il est présenté au Conseil des loups que le vieil Akela préside. Mais le terrible tigre Shere Khan vient réclamer Mowgli pour le dévorer. L'ours Baloo et la panthère Bagheera prennent sa défense. Shere Khan part en rugissant de colère.

« Tu peux rugir, Shere Khan, murmure Bagheera, car un jour viendra où le petit homme te fera rugir bien plus fort... »

Par une belle et paisible journée, Mowgli et ses amis font une petite sieste. Perchés dans les arbres au-dessus d'eux, des singes les observent.

— Regardez, le petit homme dort, murmure l'un d'eux.

— On pourrait l'enlever ! répond un autre.

— C'est vrai ! Il pourrait nous apprendre à faire des huttes !

— Bonne idée !

Les singes s'approchent en silence.

Très lentement, les singes soulèvent Mowgli. Puis, ils sautent de branche en branche pour le transporter jusqu'à la Cité perdue.

— Chut ! Faites attention, chuchote l'un des singes.

Soudain, au grand **désarroi** du groupe, le jeune garçon se réveille.

Au secours !
Où est-ce que
vous m'emmenez ?

Les cris de Mowgli réveillent **immédiatement** ses amis, Baloo et Bagheera, qui se lancent à la poursuite des singes.

Les deux **compères** sont furieux et très inquiets : ils ont peur que les singes fassent tomber le jeune garçon.

Nous devons le sauver !
Mais comment ?

— Allons voir Kaa, suggère Baloo, car les singes ont peur de lui. Peut-être qu'il pourra nous aider à sauver Mowgli.

Lorsque Baloo et Bagheera trouvent Kaa, celui-ci est tranquillement endormi au soleil.

— Mowgli a des ennuis ! s'écrie Baloo. Les singes l'ont capturé !

— Oh vraiment ? répond le serpent en bâillant. Eh bien, ce ne sont pas mes affaires.

— Sais-tu que les singes t'appellent le « ver de terre jaune et sans pied » ? ajoute Bagheera avec malice.

Kaa se redresse brusquement.

Allons tout de suite
à la Cité perdue !

De son côté, Mowgli se sent bien seul avec tous ces singes qui lui demandent en criant de leur construire une hutte.

Mowgli soupire... Une hutte ! Quelle idée ! Il attrape quelques **lianes** et entreprend de les tisser ensemble.

Les singes l'observent puis se mettent à jouer et à danser.

Cachés derrière les **remparts**, Bagheera et Baloo attendent le bon moment pour attaquer.

Hélas, ils se font repérer !
Les singes leur sautent dessus, en criant furieusement :

— Tuons-les !

Alors que la bataille **fait rage**, un sifflement se fait entendre. Kaa apparaît. À sa vue, les singes se figent, **tétanisés**.

— Regardez-moi, stupides singes ! siffle le serpent affamé.

Kaa se met alors à danser. Les singes sont aussitôt **hypnotisés**.

— Approchez-vous ! dit Kaa avec la bouche grande ouverte.

Les singes lui obéissent **sans broncher**.

Les années passent...
Mowgli a douze ans à présent.

Un jour, Bagheera le **met en garde** :

— Fais attention, Mowgli, car Shere Khan veut toujours te tuer. N'oublie pas non plus qu'Akela est maintenant trop vieux pour te protéger.

— Que dois-je faire ? demande Mowgli. Aide-moi, Bagheera !

— Rejoins les huttes des hommes de la vallée et trouve la Fleur Rouge, répond Bagheera. Fais-le vite !

Sais-tu que ce que les créatures de la jungle appellent « la Fleur Rouge » est en réalité le feu ?

Le lendemain soir, Mowgli arrive au rocher du Conseil, où tous les loups sont réunis.

Shere Khan est également là.

Donnez-moi le petit homme !

— C'est l'un des nôtres, rétorque Akela à Shere Khan.

— Tais-toi, vieux fou **édenté** ! crient les jeunes loups. Mowgli est un homme. Nous ne voulons pas de lui ici. Il doit partir !

Mowgli se lève et s'écrie avec **rage** :

— Si je suis un homme, alors vous n'êtes que des chiens !

Il attrape soudain le pot qui contient le feu et le jette vers les loups.

— Cette Fleur Rouge est pour vous ! hurle-t-il.

Les feuilles mortes qui **jonchaient** le sol prennent feu. Les loups s'éloignent vite, terrifiés.

Mowgli ramasse alors un bâton enflammé et l'agite devant Shere Khan.

— Écoute-moi, tigre, crie-t-il. Aujourd'hui, je pars et je te laisse la vie sauve. Mais je te préviens : la prochaine fois que je viendrai ici, je porterai ta peau comme manteau. Et n'oublie pas : je t'interdis d'approcher Akela !

Le tigre, bien qu'effrayé, essaie de faire bonne figure devant les loups.

Au revoir, chers parents
et chers frères.
Au revoir, Bagheera.

Reviens-nous vite,
Mowgli.

Mowgli se dirige à petits pas
vers le village. En chemin, il sent
des gouttes humides près de ses yeux.
Quelle est cette étrange eau salée
qui coule sur son visage ?
Pour la première fois de sa vie,
Mowgli pleure.

C'est un homme, maintenant !

Quand Mowgli arrive au village, tout le monde le regarde.

— Quel beau garçon ! s'émerveille une femme.

— Il ressemble au petit enfant que j'ai perdu ! s'exclame une autre.

Malheureusement, Mowgli ne comprend pas ce que tous ces gens disent. Il montre du doigt sa bouche ouverte.

— Il a faim. Nous devons le nourrir ! ordonne quelqu'un dans la foule.

Plus les jours passent, et mieux Mowgli comprend ce que disent les villageois.

Chaque soir, le chasseur du village raconte des histoires sur la jungle.

Tout le monde est fasciné par ses récits, mais Mowgli se contente de rire.

Balivernes !
Je connais la jungle mieux
que toi et tes histoires
sont toutes fausses !

Le chasseur, qui est très **susceptible**, prend de plus en plus mal les moqueries de Mowgli.

Un jour, alors que Mowgli s'occupe du **bétail**, Frère Gris et Akela viennent le voir.

— Shere Khan est de retour, explique Akela. Il dort dans un ravin près du village.

— J'ai un plan ! s'exclame Mowgli. Frère Gris, conduis la moitié du **bétail** dans le ravin. Akela, conduis l'autre moitié au sommet.

Une fois arrivé en haut du ravin, Mowgli crie au tigre, allongé **en contrebas** :

— Ton temps est écoulé, tigre !

— Qui est là ? demande Shere Khan encore **engourdi** par le sommeil.

— À l'attaque ! crie Mowgli à Akela.

Akela hurle. Aussitôt, les animaux qui se trouvaient au sommet du ravin chargent.

Shere Khan, surpris, tente de s'échapper, mais Frère Gris et le reste du **bétail** lui bloquent le passage.

Le troupeau piétine alors Shere Khan qui perd ainsi la vie.

Après avoir vérifié que Shere Khan était bien mort, Akela et Frère Gris éloignent le **bétail**.

Mowgli commence à ôter la fourrure du tigre mort.

Soudain, il sent une main sur son épaule : c'est le chasseur du village.

Sois un bon garçon
et donne-moi cette peau.
Je veux la vendre.

Tout à coup, Akela saute
sur le chasseur
et l'immobilise à terre.

— Pardonnez-moi ! supplie
le chasseur terrorisé par le loup.
Je ne suis qu'un vieil homme.
Laissez-moi partir !

— Je ne te donnerai jamais cette
peau, lui dit Mowgli. J'ai gagné
mon combat avec le tigre
et c'est ma récompense.
Pars, maintenant.

Ce soir-là, quand Mowgli retourne au village, les habitants se mettent à lui jeter des pierres.

Va-t'en, petit loup !

Mowgli, très peiné, murmure à son ami Akela :

— La dernière fois, j'ai été rejeté du clan des loups parce que j'étais un homme. Cette fois-ci, c'est parce que je suis un loup que les hommes me rejettent. Viens, Akela, on s'en va !

Une fois arrivés au rocher du Conseil, Akela hurle pour que tous les loups de la meute les rejoignent.

— Regardez ! s'écrie fièrement Mowgli. Je porte la peau du tigre.

— Tu as tenu ta promesse, Mowgli, répondent les loups, très impressionnés. Tu peux être notre chef, à présent.

— Non ! rechigne Mowgli. Vous m'avez chassé, et les hommes ont fait de même. Je dois désormais apprendre à vivre et à chasser seul.

— Alors, nous venons avec toi, répondent ses frères en le suivant dans la jungle.

Lexique

A

agiter
Remuer quelque chose dans tous les sens.

B

balivernes
paroles futiles ou fausses.

bétail
gros animaux dans une ferme.

sans broncher
rester impassible, imperturbable.

C

compère
personne complice.

en contrebas
plus bas que l'endroit où on se trouve.

D

désarroi
désespoir.

E

édenté
qui a perdu toute (ou une partie de) ses dents.

engourdi
qui est insensible, qui ne peut plus bouger.

F

faire rage
se déchaîner.

Lexique

H

hypnotisé

envoûté.

I

immédiatement

tout de suite.

J

joncher

être éparpillé sur, couvrir.

L

liane

plante à longue tige.

M

mettre en garde

avertir d'un danger.

R

rage

énervement, colère.

rempart

muraille qui entoure une ville fortifiée.

S

susceptible

Qui s'offense, se vexe facilement.

T

tétanisé

ou surpris pour pouvoir bouger.

Questions de compréhension

As-tu bien compris l'histoire du Livre de la jungle ?

[réponses page 48]

1. Par qui Mowgli est-il élevé ?

   a. Ses parents.
   b. La meute de loups.
   c. Les singes.

2. Qui enlève Mowgli lorsqu'il est jeune ?

   a. Bagheera et Baloo.
   b. Akela et Frère Gris.
   c. Les singes.

3. Qui est l'ennemi juré de Mowgli ?

   a. Shere Khan.
   b. Kaa.
   c. Akela.

Questions de compréhension

4. Qu'est en réalité ce que les loups appellent la Fleur Rouge ?

   a. Une plante piranha.

   b. Une rose.

   c. Le feu.

5. Quel humain raconte des histoires fausses sur la jungle, au village ?

   a. Le chef du village.

   b. Le chasseur.

   c. Le père de Mowgli.

6. Comment Shere Khan meurt-il ?

   a. Piétiné par du bétail.

   b. Mordu par Akela.

   c. Abattu par le chasseur.

Réponses

1. b
2. c
3. a
4. c
5. b
6. a

Achevé d'imprimer par Rotolito Romania en Roumanie
Dépôt légal : janvier 2022. 329485/01
N° de projet : 11048462 – janvier 2022